M. CAGNARD

MÉDECIN

ANCIEN MEMBRE DU CONSEIL MUNICIPAL D'AMIENS

ANCIEN CONSEILLER GÉNÉRAL DE LA SOMME

1812 - 1881

AMIENS
IMPRIMERIE ROUSSEAU-LEROY
16, Rue Saint-Fuscien.

†

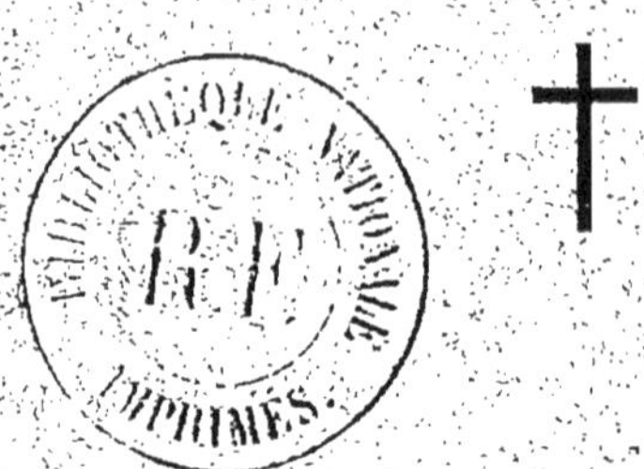

Les obsèques de M. Cagnard ont été célébrées le Jeudi 21 Avril 1881 en l'église Saint-Maurice avec une grande solennité ; les officiants étaient M. l'abbé Leroy, curé de Bouchoir, M. Leclercq, ancien directeur de Saint-Sulpice, tous deux compatriotes du défunt, originaire de Béhencourt, et M. l'abbé Leroy, curé de Longpré, section d'Amiens.

L'église était absolument insuffisante pour contenir le nombre d'amis, de clients, qui avaient voulu honorer la mémoire du médecin dévoué qu'ils connaissaient depuis si longtemps, et donner à la famille un témoignage public de sympathie.

Tout le corps médical d'Amiens assistait à ces funérailles ; on y remarquait en outre M. le premier-président Saudbreuil, M. Dausse, conseiller de préfecture et diverses notabilités de la ville ; presque tous les environs : Longpré, Argœuves, Montières, le faubourg de Hem, Renancourt, Dreuil, Saint-Pierre, Poulainville, Coisy, Cardonnette, etc., etc., étaient représentés à cette funèbre cérémonie.

Les coins du poële étaient tenus par MM. Poulain et Véru, président et vice-président du Conseil de fabrique de Saint-Maurice ; M. Dhavernas, ancien conseiller général ; M. le docteur Peulevé, représentant le Corps médical, et M. le sénateur Dauphin, ancien maire d'Amiens.

Après l'absoute, donnée par M. le curé de Saint-Leu, doyen de Saint-Maurice, le corps a été transporté au cimetière de la Madeleine, où les deux discours suivants ont été prononcés sur le bord de la tombe :

DISCOURS DE M. LE DOCTEUR PEULEVÉ

Messieurs,

C'est à bien courte échéance que la mort nous réitère ici ses funèbres appels. Il n'y a pas trois mois nous adressions un dernier adieu à M. le docteur Alexandre, et aujourd'hui déjà le corps médical porte le deuil d'un de ses membres les plus justement honorés, et qui laisse derrière lui, au milieu des meilleurs souvenirs et des regrets les plus touchants, la réputation d'un homme de bien et du plus dévoué des médecins.

On peut dire que la vie de M. Cagnard, semée de labeurs, surtout dans ses débuts, n'a été qu'une longue succession d'actes de dévouement pour tous ceux qui l'entouraient.

Entré fort jeune à l'Ecole de Médecine d'Amiens, sur le conseil de ses maîtres qui avaient apprécié en lui des aptitudes toutes spéciales, il se trouva sous la direction immédiate des docteurs Barbier et Josse père. Ces habiles maîtres découvrirent bientôt en lui, et se plurent à développer les qualités qui devaient faire l'honneur et la gloire de toute sa carrière.

C'est à Saint-Maurice, que le jeune médecin, rempli d'ardeur et de générosité, se fixa tout d'abord ; c'est là qu'il resta, et c'est là que pendant cinquante années de sa vie, tous ses concitoyens ont pu par acclamation reconnaître que ses premiers maîtres avaient porté sur lui un jugement bien fondé, et que les années n'ont fait que consacrer.

Il n'épargna guère sa peine, et dans ses débuts, à cette époque où les communications de village à autre étaient si difficiles, on le vit portant ses secours à trois lieues à la ronde, bravant l'intempérie et remplissant, en homme de cœur et d'énergie, les devoirs souvent pénibles de la profession qu'il avait choisie.

Tous ceux qui l'ont vu à l'œuvre, peuvent dire quel a été son dévouement, et attester ici qu'il n'est pas une maison, pas une famille peut-être de son arrondissement où il n'ait rendu quelques services, où il n'ait soulagé quelque infortune. Son talent et ses fatigues il les répandait avec largesse, avec prodigalité. Riches ou pauvres y participèrent, grâce aux sentiments de bienveillance dont il entourait les malades, et à l'élévation du caractère qui faisaient de lui l'auxiliaire obligé de tous ceux qui souffraient.

Telle était la confiance qu'il avait su inspirer à ses concitoyens que des fonctions médicales où il s'était d'abord cantonné, il ne tarda pas à être porté avec unanimité aux fonctions publiques de la vie municipale et départementale.

A cette époque la plus brillante de sa carrière, honoré de tous et toujours à la hauteur de ses situations diverses, on pouvait dire que :

« Saint-Maurice c'était M. Cagnard. »

Jamais toutefois ces fonctions, si absorbantes qu'elles fussent, ne relâchèrent d'un moment l'activité qu'il apportait dans l'exercice médical. Ses relations plus étendues n'avaient fait qu'agrandir encore le champ de ses travaux quotidiens. Il suffisait à tout.

Son dévouement, au milieu de ses fatigues, faillit plusieurs fois lui coûter la vie. — Il y a dix ans notamment, la mort le guetta dans une épidémie meurtrière de croup, où plus de vingt malades atteints à la fois de la terrible affection, réclamaient ses soins plusieurs fois par jour. Atteint lui-même et par contagion il fut pris d'une angine couenneuse qui mit ses jours en danger. A peine sorti de cette épreuve, il fut assailli de nouveau par une complication de l'insidieuse maladie, la paralysie dyphthérique. Heureusement son heure n'était pas sonnée et il fut rendu pour quelque temps encore à l'affection de sa famille et de ses malades.

Son esprit judicieux joint à la longue expérience qu'il avait acquise dans sa pratique médicale donnaient à sa coopération une valeur que nous avons tous appréciée. Son jugement très-sûr et mûri encore par une intelligence d'élite savait se tenir en garde contre les nouveautés trop tapageuses, et faisait de lui un praticien éloigné de tous les écarts soit de l'avant soit de l'arrière. Rendant justice pourtant à la science qui découvre, il aimait à suivre ses progrès, témoin ces visites assidues qu'il faisait naguère dans les salles de nos malades, et ces discussions scientifiques marquées au coin du sens pratique le plus pur.

Toutes ces qualités, qui sont chez les hommes des qualités maîtresses, aboutissaient dans sa pratique médicale à une manière prudente, dont chacun autour de lui recueillit le bénéfice — et qui fut comme le caractéristique de sa conduite en médecine.

Arrivé à un âge où l'on peut avec raison songer à prendre quelque repos, M. Cagnard ne put se résigner à refuser des soins à tant de malades qui l'entouraient de respect et d'affection. La maladie l'a surpris sur la brèche.

Il ne se fit guère d'illusion le jour où elle le força de s'aliter ; et dès lors, s'abandonnant avec résignation aux soins d'une famille qu'il chérissait, il mit tout son courage à dissimuler la douleur que lui faisait éprouver à l'avance, les craintes de cette cruelle séparation.

Il vit la mort sans effroi, plus occupé des siens que de lui-même et sans qu'un seul instant au milieu de ses douleurs physiques la fermeté l'ait abandonné. La conscience calme et sans reproches, l'âme soutenue par une foi inébranlable et sans jactance, il a franchi sans crainte et sans secousse le seuil de l'éternité.

La mort de M. Cagnard laisse dans toute cette région qu'il remplissait, un vide considérable, et qu'il sera bien difficile de combler. La foule qui se prese autour de cette sépulture vous dit assez, quels souvenirs et quels regrets vont entourer sa mémoire vénérée.

Adieu, cher Confrère, le Corps médical perd en vous un de ses membres les plus dignes d'honneur et d'affection, et les malades un de leurs amis les plus sincères et les plus dévoués.

Puissent ces témoignages de la reconnaissance publique; puisse ce légitime mais bien faible hommage rendu à vos mérites apporter quelque consolation à votre famille si douloureusement éprouvée.

DISCOURS DE M. DAUPHIN

MESSIEURS,

Si je n'avais qu'à adresser l'adieu funèbre à l'ami que nous perdons, je ne serais pas sûr de dominer mon émotion. Les vrais douleurs du cœur sont muettes et l'affection redoute les épanchements du cœur.

M. Cagnard, par le dévoûement à la famille, par la sûreté des relations et par la fidélité des amitiés était un de ces hommes dont la mort laisse un large vide et que des larmes sincères accompagnent à leur dernière demeure. Ceux, qui, comme moi, ont eu le privilège de son intimité, savent quelles étaient ses qualités précieuses. Sa dernière parole à ses enfants fut pour celle dont il a été pendant de longues années le tendre et nécessaire appui : « Rendez votre mère heureuse, » a-t-il dit; et, au moment où son âme allait s'exhaler dans la sérénité d'une foi robuste, ses pensées ne s'attachaient à la terre que pour consoler et raffermir les êtres chers qu'il y abandonnait.

Laissez couler vos pleurs, parents, enfants et amis.

Mais à côté des pleurs, il y a le souvenir des services rendus ; il y a le tribut de reconnaissance à payer à un citoyen qui a consacré une grande partie de sa vie aux pauvres et aux affaires publiques, et dont le cercueil, où ne figure aucun insigne, représente la vie modeste et désintéressée.

Dans une ville, où tant d'hommes aux intelligences et aux cœurs élevés ont laissé après eux des noms respectés, M. Cagnard était une figure éminemment personnelle. Né en 1812, dans une famille attachée à la culture de la terre, il paraissait voué à l'honorable et dure profession qui fait la richesse de la Picardie sans toujours enrichir ses adeptes ; mais il sentit en lui la force d'un combat plus rude encore et ses aspirations l'entraînèrent vers une vie plus féconde. Il y a donné le grand exemple de ce que peut, sans aucun secours, une puissante volonté dans un cœur bien placé.

Simple élève de notre Ecole préparatoire de médecine, il devint un praticien consommé, investi de la confiance des malades, dans toutes les classes de la société, convié par les maîtres de son art à consulter avec eux sur les cas les plus graves, entouré même d'un certain prestige dû à sa grande expérience et à son dévouement sans bornes.

Enfant des champs et de la ferme, il trouva dans ses propres instincts, dans des lectures solitaires et dans l'étude attentive des hommes, les délicatesses d'une éducation complète et les charmes des relations du monde avec les esprits les mieux cultivés.

D'une jeunesse presque dénuée de biens, il parvint par l'économie et la sagesse d'une administration sévère à l'aisance d'une fortune honorable, et fonda une famille, qui s'accroissait sans inquiétude d'avenir.

Enfin, comme l'œuvre devait être complète, les suffrages de ses concitoyens vinrent le chercher dans les modestes fonctions de commissaire local, qu'il exerçait dans ce faubourg et l'appelèrent à siéger dans les conseils de la cité et du département. Membre du conseil municipal d'Amiens pendant près de 25 ans, adjoint au maire, membre du conseil général de la Somme, l'homme qui semblait autrefois destiné à avoir besoin d'autrui pour parcourir la carrière de la vie, se vit chargé des intérêts de tous et put s'enorgueillir de mériter la reconnaissance publique.

Voilà, Messieurs, un véritable fils de ses œuvres !

Je n'ai pas été le collègue de M. Cagnard au Conseil général ; il l'avait volontairement quitté quand j'y ai été admis. Mais, pendant dix années je l'ai vu siéger au Conseil municipal et je peux dire quel rôle il y jouait. Il en était une des plus vives lumières. Assidu, travailleur, absolument indépendant, il ne laissait passer aucune proposition sans l'examiner dans ses détails et rechercher de préférence les objections qu'elle pouvait soulever. Que de fois, dans cette assemblée, si étroitement unie, dont le souvenir est resté cher aux cœurs de tous ceux qui la composaient, des discussions intéressantes et utiles sont nées soudainement d'une observation qu'il formulait avec une parole sobre et élégante et un fin sourire de doute ou d'ironie ! que de fois nous avons tous sollicité son regard pour y lire sa pensée quand, sur une affaire délicate, nous sentions que son silence était une désapprobation ! Que de fois aussi, après une opposition dont il exagérait à dessein l'ardeur, on le voyait se rendre et s'incliner loyalement devant l'opinion de ses collègues !

Il s'occupait surtout du budget municipal, de l'octroi, des habitations insalubres, de l'organisation de la médecine gratuite. Il défendait vaillamment les intérêts de son faubourg Saint-Maurice qu'il trouva encaissé entre la rivière et la falaise, et qu'il laisse aujourd'hui relié aux champs et au faubourg de Hem, grâce à une persévérance souvent importune dont il aimait à plaisanter lui-même. Prêt à tous les actes de courage, le choléra de 1866 et l'invasion prussienne le trouvèrent debout aux premiers rangs pour lutter contre ces deux fléaux dont Amiens subit en quatre ans les ravages.

Puis, comme les hommes publics se renouvellent sans cesse, un jour la popularité l'abandonna. Il n'en fut ni surpris ni affligé. Il disait lui-même qu'il n'était plus fait pour la nouvelle transformation des idées et des principes à laquelle nous assistons. Cet homme, qui avait dû se créer seul, dans le recueillement, une théorie, par ses réflexions personnelles, était peut-être moins apte que tout autre à la modifier et à la mettre en harmonie avec les impérieuses nécessités du progrès. Libéral, je tiens à l'affirmer, quoi qu'en aient dit souvent ses adversaires, il était l'ennemi des privilèges et du despotisme ; mais il en resta à la monarchie constitutionnelle et ne comprit pas la République. Il s'en accusait franchement, et avec le découragement d'un vaincu, laissait à ceux qui y avaient foi le soin de ses destinées.

Mais jamais il ne se découragea de faire le bien. Médecin dans un quartier où les pauvres lui formaient une clientèle sacrée, il leur ouvrait généreusement sa porte. Chaque jour, à heure fixe, sa maison se transformait en un bureau de consultations gratuites. On le voyait sans cesse parcourir son faubourg et les pays d'alentour d'un pas ferme et rapide ou dans sa voiture presque légendaire, et c'est aujourd'hui un deuil public dans toutes les familles où il apparaissait pour soulager les souffrances du corps et réconforter les cœurs.

Telle fut, cette vie à la fois modeste et brillante, qui ne connut ni la méfiance de soi-même ni la vanité et s'écoula dans une douce philosophie chrétienne. Puissions-nous, Messieurs, arriver au terme de la nôtre avec la conscience d'avoir fait autant de bien et aussi dignes de la récompense éternelle !

Amiens. — Imprimerie Rousseau-Leroy, rue Saint-Fuscien, 16.

www.ingramcontent.com/pod-product-compliance
Ingram Content Group UK Ltd.
Pitfield, Milton Keynes, MK11 3LW, UK
UKHW021018220726
13924UKWH00001B/43